Martin Greif

Frühlingssturmlieder

Martin Greif

Frühlingssturmlieder

ISBN/EAN: 9783743366688

Hergestellt in Europa, USA, Kanada, Australien, Japan

Cover: Foto ©ninafisch / pixelio.de

Manufactured and distributed by brebook publishing software (www.brebook.com)

Martin Greif

Frühlingssturmlieder

Frühlingssturmlieder

von

Friedrich Hermann Frey.

Voller Erlös für Schleswig-Holstein.

———

München, 1864.
Bei E. H. Gummi.

Inhalt.

	Seite
Gesion	1
Waffengruß	3
Des Königs Heimreise	4
Am Neujahrstage 1864	6
An Deutschlands Fürsten	7
An Herzog Friedrich von Schleswig-Holstein	9
An Herzog Ernst von Coburg	10
An Schleswig-Holstein	11
An Friedrich Rückert I.	13
„ „ II.	15
Schwerterfunken	17
An die in Nürnberg versammelten deutschen Abgeordneten	19
Am fünfzigjährigen Todestag Theodor Körner's	20
Der Zukünftige	23
Zuversicht	24
Stammbuchblatt anno 1864	25
Frühlingsstürme	26
Soldatenlieder I.	27
„ II.	28
„ III.	29
„ IV.	30
„ V.	31
Trinklieder I.	32
„ II.	35
Der alte Schleswig-Holsteiner	36
Gedächtniß	37

Gefion.

Waffengruß.

Es kommt mein Lied zu werben
Um Männer, die bereit
Für's Vaterland zu sterben
In dieser großen Zeit.

Es kommt mein Lied zu feiern
Ein heilig Morgenroth,
Das unter dunkeln Schleiern
Der Zukunft herrlich loht.

Es kommt mein Lied zu fragen
Was ist das Leben werth,
Wenn uns in allen Tagen
Verew'gen kann das Schwert?

Voran dem Schlachtenwetter
Ruft es auf Wiederseh'n,
Eh' grün die ersten Blätter
Des Jahr's den Helm umweh'n.

Erkennen sollt ihr wieder
Den Sänger vorn im Glied,
Wohlan ihr Waffenbrüder
Zum Gruße dieses Lied!

Des Königs Heimreise.

Wer blickt dort aus den Nebelschleiern
Wo still in Nacht der Brenner liegt,
Das ist der edle König von Bayern,
Der heim zu seinem Volke fliegt.

Er hat den hohen Ruf vernommen,
Auf! Bayern schwing' das Reichspanier
Wir folgen alle feurig entglommen
Aus Norden und aus Süden Dir.

Dein edler König soll es führen,
Den deutscher Sinn vor Allen schmückt,
Mit unsern höchsten, heiligsten Schwüren
Sei es in Seine Hand gedrückt.

Und wie die Felsen um Ihn ragen
Denkt Er an's treue Volk am Sund,
Das felsenfest in stürmischen Tagen
Auf seinem guten Rechte stund.

Und wie Er hoch die Tannen schauet
Darüber hin die Wolken weh'n,
Sieht Er sein Volk dem stets Er vertrauet
Und das im Kampf zu Ihm wird steh'n.

Wer blickt dort aus den Nebelschleiern
Wo still in Nacht der Brenner liegt,
Das ist der edle König von Bayern
Der heim zu seinem Volke fliegt!

Am Neujahrstage 1864.

Sonst wünsch' ich Dir in jedem Jahr
Nur Frieden aller Trübsal baar,
Heut fleh' ich zu dem Herrn der Zeit:
Gib meinem Volke Kampf und Streit!

Gib Wolken ihm und Sturmesnacht,
Auf daß einmal sein Zorn erwacht,
Auf daß verstummt der Feinde Spott,
Das walte Du gerechter Gott!

Auf daß sich Deutschlands Doppelaar
Beschwinge stolz in diesem Jahr,
Fleh' ich zu Dir, o Herr der Zeit:
Gib meinem Volke Kampf und Streit!

An Deutschlands Fürsten.

Herzoge auf! auf deutsche Fürsten!
Ihr sollt voran dem Volke geh'n.
Laßt hoch herab von euren Firsten
Die schwarzrothgold'ne Fahne weh'n!

Lang sieht man die Lavinen hängen
Eh' sie ein Windstoß thalwärts reißt,
Zur That ist reif, was in Gesängen
Erfüllt der Väter Herz und Geist.

Es zog der Fürst in alten Zeiten
Im Kampfe stets dem Volk voran;
Den Vordersten sah man ihn streiten,
Den Ersten auf der Siegerbahn.

Das schwerste Schwert hat er geschwungen;
Nichts konnte seine Wucht besteh'n
Und wo am schärfsten ward gerungen,
Da sah man seinen Helmbusch weh'n.

Im Wappen führt ihr Aar und Leue,
Die Keule und die Wehr im Streit,
Zum Kampf voran, daß sich erneue
Das Sinnbild alter Herrlichkeit!

Im Sturme späht man nach den Sternen,
Den Fürsten sucht man im Gefecht,
Zum Kampf voran! Die Welt soll lernen,
Wie Deutschland kämpft für Macht und Recht.

An Herzog Friedrich von Schleswig-Holstein.

Herzog ja das ist Dein Namen
Deine Schickung liegt darinn,
Hoch vor Andern Schwerterlahmen:
Herzog in dem rechten Sinn.

Mit dem Schwert mußt Du erringen
Was Dir zugehört durch's Recht,
Aber stolz ja kannst Du's schwingen,
Sei Du Herzog im Gefecht!

Und aus allen deutschen Gauen,
Brechen wir zu Dir uns Bahn,
Auf! und geh' voll Gottvertrauen,
Geh' ein Herzog uns voran!

Durch den dichten Kugelregen,
Mitten auf die Feinde los,
Jauchzen nach wir Deinem Degen,
Sei ein Herzog kühn und groß!

Daß die Feinde selber sagen,
Der ist Herzog, der allein;
Was er war in Sturmestagen,
Herzog soll er immer sein.

An Herzog Ernst von Koburg-Gotha.

Auf Koburgs Veste steht verwahrt
Der Wagen, drauf zum Reichstag kühn
Held Luther fuhr in seiner Art,
In hohem, stolzen Zornerglüh'n.

Den Wagen laß von Neuem nun,
Nach Frankfurt auf den Römer zieh'n,
Und tritt wie Du gewohnt zu thun,
Vor die Berather Deutschlands hin!

Und sprich Du selbst: „Ich stehe hier,
Der Freiheit Schirmer muß ich sein,
Nicht anders kann ich; Gott helf mir!
Und stünd' im Kampf ich auch allein."

An Schleswig-Holstein.

Treues Volk, bald sollst Du wieder
Frei Dein Banner flattern seh'n,
Ob auch stolz die Eider nieder
Die Kanonenboote geh'n.

Ob auch aus dem Dünensande
Ihre Danewirke droh'n,
Und verpflanzt von Strand' zu Strande
Ihre Nachtsignale loh'n.

Ob auch Deine Söhne grollen
Wo sich Seeland neblich dehnt
Und zum Meer, zum buchtenvollen
Fern verbannt sich mancher sehnt.

Ob den Zwingherrn zu erstarken
Oestreich sich verschworen zeigt,
Und voll Hohn in Deine Marken
Preußens Adler niedersteigt.

Auf! in allen Herzen flammt es,
Auf! das Schwert nur macht Dich frei;
Von dem Gott der Freiheit stammt es,
Von dem Tod der Tyrannei.

Stürmisch brechen an die Lenze
Und verweh'n was morsch und krank,
Bald zieht wieder Deutschlands Grenze
Wo einst Otto's Speer versank.

Nimm den Flor von Deinen Fahnen!
Auf! entroll Dein Schlachtpanier!
Schleswig=Holstein blutig bahnen
Wir uns einen Weg zu Dir.

An Friedrich Rückert.

I.

Zu dessen fünf und siebzigjährigem Geburtstag.

Kommst du dem Alpeneingang nah',
So stehet hoch und feierlich
Ein Berg in stiller Hoheit da,
Das Sonntagshorn so nennt er sich.

Er ragt so einsam auf und frei,
Und steht doch tief in Bergen drinn
Als ob er weit hin König sei,
Sein Abendglühen Königinn.

Und hat die Nacht erst ihren Flor
Um Berges-Fuß und Haupt gelegt,
Dann steigt er doppelt hoch empor,
Daß tiefes Staunen dich bewegt.

So stehst Du selbst, der Deutschlands Joch
Im Lied bekämpft, in Gluth und Zorn
Allein von Allen einsam noch,
Allein wie dort das Sonntagshorn.

Zu Füßen spielen Wetter Dir,
Von Frieden ist Dein Haupt umweht.
Nach Deinem Gipfel schauen wir,
Der hehr in Abendgluthen steht.

Dein Tagwerk war an Schaffen reich,
Des Großen hast Du viel gethan,
Dem Sonntagshorn nun ragst Du gleich
Aus ew'gem Grunde himmelan.

II.

Deutschland schaart sich neu zusammen,
Heute gilt es oder nie
Da urplötzlich leuchtend sieh!
Steht in Donner und in Flammen
Steht der Berg ein S i n a i.

Seine Adern glüh'n und brennen,
Wer verspürt an D i r die Frist,
Die seit dem verflossen ist?
Ja wir müssen stolz bekennen,
Daß D u noch der Alte bist.

Schwerterfunken.

Google

An die in Nürnberg versammelten deutschen Abgeordneten.

Es geht ein Sturm durch Deutschlands Gauen,
Der hell entfacht, was stille brennt;
Jetzt ist es Zeit, das Werk zu bauen:
Ihr seid das deutsche Parlament.

Begeistert nennt sich Jeder Bruder,
Ob Nord, ob Süd er Heimath nennt;
Die Fluth geht hoch, greift stark zum Ruder:
Ihr seid das deutsche Parlament.

Verschwunden sei jetzt aller Hader,
Der uns zum Spott der Feinde trennt;
Von heil'gem Zorn schwillt jede Ader:
Ihr seid das deutsche Parlament.

Laßt endlich rasch die Würfel fallen,
Was ihr beschließt, was ihr bekennt;
Wie Donner wird's durch Deutschland hallen:
Ihr seid das deutsche Parlament.

Am fünfzigjährigen Todestag Theodor Körner's
26. Aug. 1863.

Laßt heut die Arbeit ruh'n und alle Sorgen!
Ein Festtag ist's, es ist ein hoher Morgen,
Geht in den dunklen Eichenwald hinaus!
Laßt über Euch die hohen Wipfel wehen,
Der Schwerter künftiges Gesaus,
Der Schlachten künftiges Gebraus
Durch eure ahnungsvollen Seelen gehen!

Wohl werden uns noch schwere Tage kommen,
Nur stille Freude mag uns heute frommen,
An Körners wetterschwülem Ehrentag,
Es werden nochmal schwarze Reiter reiten,
Die Luft erschallt vom Schwerterschlag,
Wer in's Vergangene schauen mag
Der kennt die Schwesternzüge aller Zeiten.

Es schweben bange Wetter auf und nieder
Und voll Erwartung seh'n die Völker wieder
Der Blitze drohend Leuchten überall;
Wo sind o Vaterland die alten Gluthen?
Man hört viel lustiges Geknall,
Man hört viel Lärm und Redeschwall —
Seid ihr bereit fürs Vaterland zu bluten?

Wir ließen unserm Bruderstamm im Norden
Gelassen Freiheit und Gesetze morden,
Und reden noch vom Stolz der Nation.
Die Feinde dräuen einzeln und verbündet,
Sie lachen uns'rer Zwietracht Hohn,
Der **Danebrog** weht um den Thron,
Den **deutsche** Macht im Orient gegründet.

Sagt nicht, wir müssen in die Zeit uns schicken,
Es fehle nicht an großen Augenblicken,
Es fehle nicht an Sternen in der Nacht;
An Körners Tag laßt mich das Schweigen lösen,
Das manchem Herzen bange macht
Und wie zu Deutschland's Freiheitsschlacht
Die gold'ne **Leier und das Schwert** entblößen.

Wie aus dem Bergabgrund voll Nacht und Grauen
Zum Licht die stolzen Tannenwipfel schauen,
So aus dem Zeitengrab sein herrlich Bild. —
Im Kampf wird jeder ihn zu schauen meinen;
Dem Sterbenden im Schlachtgefild,
Wird er ein Siegesbote mild,
Im früh errungenen Heldenkranz erscheinen.

Vereint mit unserem Lied und unseren Waffen
Gehört ihm Theil von Allem was wir schaffen,
Knüpft ihn ein Band an Aller Zeiten Loos
Und wenn wir heute s e i n e n Namen feiern,
So feiern wir was schön und groß,
Was selbst noch in der Zukunft Schooß
Verborgen ruhet unter dunkeln Schleiern.

Der Zukünftige.

Elmsfeuer glüh'n von Tackelwerk und Raen
Bevor der Sturm sie beugt. Eh das Verhängniß
Sein Haupt erhebt, schaut voll von Furcht und Bängniß
Ein Volk von fern des Sturmes Boten nahen.

Der sich're Geist nur kann die Zeit empfahen,
Voll Zuversicht und in dem Weltbedrängniß
Schaut er die Gitter fallen vom Gefängniß,
D'rinn sich die Freiesten gefangen sahen.

Da kommt es wohl, daß er den Sonnenwagen
Der Zukunft donnern hört aus weiter Ferne,
Davor des Weltgeist's Götterpferde jagen.

Doch, daß der Rechte ihn zu lenken lerne,
Stürzt mancher Phaëton zu Staub zerschlagen:
Indessen reist der Held im Schutz der Sterne.

Zuversicht.

Das ist das Schwert, das nicht zerbricht,
Das ist die Gluth, die nicht verweht,
Das ist der Stolz im Angesicht,
Wenn es in Nacht und Kerker geht:
Das Siegsgefühl im Kampf und Noth,
Die Hoffnung auf ein Morgenroth

Das ist der Stern, der nicht erbleicht,
Wenn uns Gewitternacht umhüllt,
Das ist der Freund, der nicht entweicht
Wenn Schlachtendonner uns umbrüllt:
Die hohe, heil'ge Zuversicht:
Die Ahnung trägt die Herzen nicht.

Das ist es, was im heil'gen Krieg
Zum Geißelbund die Schwerter flicht,
Und was dem Sterbenden der Sieg
Mildlächelnd malt auf's Angesicht:
Das Siegsgefühl in Kampf und Noth,
Die Hoffnung auf ein Morgenroth.

———

Stammbuchblatt anno 1864.

Schön ist des Feuers reine Gluth,
Am hellen Tag entfacht,
Doch doppelt schön und doppelt gut,
Erstrahlt's in dunkler Nacht.

Schön ist des Mannes hoher Muth
In Glück und Heiterkeit,
Doch doppelt schön und doppelt gut
In Mühsal und in Streit.

Frühlingsstürme.

Im Sturm sagt sich der Frühling an,
Durch alle Länder muß er fegen,
Bis sie ihr Sterbkleid abgethan,
Und Blumen blüh'n auf allen Wegen.

Und Keinem wird der Sturm erspart,
Auch nicht den immergrünen Tannen,
Die treu ihr Sommerkleid bewahrt,
Als rief es ihnen zu von wannen:

O Tannen bleibt der Hoffnung treu,
Wenn kahl auch aller Bäume Kronen,
Erblühen wird die Welt auf's Neu,
Und eure Treue wird euch lohnen.

Und Du mein Vaterland zumal,
Du sei ein Wald voll grüner Tannen,
Bald kehrt der Lenz zu Berg und Thal:
Schon weht sein Hauch von irgendwannen.

Soldatenlieder.

I.

Laßt mich des Nachts die Leyer schlagen,
Euch ein lieber Zeltgenosse,
Und des Morgens auf feurigem Roße,
Kühn hinein in die Feinde zu jagen.

Singt mein Lied im thau'gen Grase,
Wenn sich schon die Sterne neigen,
Aber noch die Trompeten schweigen,
Singt es scheidend beim letzten Glase.

Singt mein Lied im Schlachtengebrause,
Wann die Todes-Engel schweben,
Wann vom Hufe die Fluren erbeben,
Singt es beim flammenden Schwertergesause.

Werd' ich schnell dahin gerissen,
Wird mein Geist noch mit Euch streiten,
Mit Euch zum blutigen Kampfe reiten,
Wo ich begraben, soll Keiner wissen.

II.

Es dämmert schon der Morgen,
Mein Liebchen ist daheim erwacht
Und hat gewiß an mich gedacht,
Ich aber geh' in Pulvernacht;
Mag es der Herr besorgen.

Stolz wirst du mein gedenken,
Weil ich ja schnelle Herz und Hand,
Aus deinen bangen Armen wand,
Im Kampf dem lieben Vaterland
Sie ganz dahin zu schenken.

Ich weiß in deinem Herzen,
Da werd' ich leben immerdar
Weil ich zu Krieg und Kampfgefahr
Bereit von dir zu scheiden war,
Ja stolz sind deine Schmerzen.

Veilchen blau, wie der Himmel,
Send' ich dir gern dahin als Gruß,
Die ich nun all zertreten muß
Im Thaue unter meinem Fuß,
Im Zug zum Schlachtgetümmel.

III.

Mag dein Herz auch fest umschlingen,
Treuer Liebe süßes Band
Lern' davon dich loszuringen,
Wenn es gilt für's Vaterland!

Galt auch sonst in Friedenstagen,
Nur den Deinen all' dein Thun,
Lerne scheidend rasch zu sagen:
Gott sei Euer Vater nun.

Theile ihren Schmerz zu lindern,
Mit der Gattin deinen Muth,
Laß sie lehren deinen Kindern,
Deinen Sinn und deine Gluth.

Heldenblicke, Schwerterspitzen,
Sind sie in der Frauenherz,
Aus der Söhne Augen blitzen,
Ihre Flammen himmelwärts.

IV.

Schleswig-Holstein meerumschlungen:

Trompeter! Trompeter!
Blast dieß Liedchen noch einmal!
Denn röther, denn röther,
Flammt schon auf der Morgenstrahl.

Ja so ist es recht geblasen,
Das ist unsere Melodei
Wenn wir in die Feinde rasen,
Das ist unser Feldgeschrei.

Trompeter! Trompeter!
Blast dieß Liedchen noch einmal,
Denn röther, denn röther,
Flammt schon auf der Morgenstrahl.

Wer die Melodei erfunden,
Muß gar kühn gewesen sein,
Denn noch selbst dem Sterbenswunden,
Dringt sie tief ins Herz hinein.

Trompeter! Trompeter!
Blast dieß Liedchen noch einmal!
Denn röther, denn röther,
Flammt schon auf der Morgenstrahl.

V.

Vergönnst du mir ein schönes Loos,
So laß die Lieder nicht verweh'n,
Und in der Schlachten Flammenschoos,
Im heil'gen Kampf' mich untergehn.

O käm' es so! Die Fahne hoch
Geschwungen, preße sie die Hand
Ans Herz, daß sie im Tode noch
Mit ihrer Seide mich umwand.

Auf daß verstanden wird mein Lied,
Nimm als Opfer du mich hin!
Rafft mich die Kugel aus dem Glied
Wird fort mein Lied zum Kampfe ziehn.

Trinklieder.

I.

Brüder winket, daß euch Gläser
Bringen Marketenterinnen,
Daß gestreckt im Thau der Gräser
Euch die Stunden leicht verrinnen.

Und erzählet von dem Liebsten,
Was Euch ferne trauernd blieb,
Von dem Frohsten, von dem Trübsten,
Ja von Allem, das euch lieb.

Einer.

Festlich bei dem Hall der Glocken
Schied ich von der Mutter Herz,
Und sie drückte meine Locken
Lange an die Brust voll Schmerz.

Ein Anderer.

Doch es drang aus ihrem Munde
Nicht ein einzig Wort der Pein,
Stolz auf diese Abschiedstunde
Wird sie bis zum Tode sein.

Chor.

Stolz auf diese Abschiedstunde,
Wird sie bis zum Tode sein.

Einer.

Ach! aus meiner Gattin Armen,
Riß ich mich zum Kampfe los,
Und mein Herz zuckt vor Erbarmen,
Denk' ich an ihr einsam Loos.

Ein Anderer.

Sah sie nicht dich stolz im Gliede,
Winkte sie nicht stolz dir nach,
Als in fernverhalltem Liede,
Deine Seele mit ihr sprach?

Chor.

Als in fernverhalltem Liede,
Deine Seele mit ihr sprach?

Einer.

Fern daheim in ihrer Kammer,
Schlummert wohl mein liebes Kind,
Und vergißt im Traum den Jammer,
Daß wir fern geschieden sind.

Ein Anderer.

Aber gab sie nicht das Schwert dir,
Als du schiedest in die Hand,

Daß vor Allem hoch und werth Dir,
Sei das liebe Vaterland?

Chor.
Daß vor Allem hoch und werth Dir,
Sei das liebe Vaterland.

II.

Windet Rosen um der Reben,
Neuverklärtes Götterleben,
Windet Rosen um ihr Gold!
Und denkt stille was euch hold!

Feuerfarb'ge Blumen lodern,
Wo der Brüder Reste modern,
Doch dem Vaterland voraus,
Leeret eure Becher aus!

Jetzt den Gruß hinabgesendet,
Allen die im Kampf vollendet,
Und es mag der frohe Wein,
Uns die späte Thräne sein.

Der alte Schleswig-Holsteiner.

Horch! draußen, Horch! draußen,
Wie hell es durch die Straßen zieht.
Erbrausen, erbrausen,
Hör' ich dich wieder deutsches Lied.

Sie singen, sie bringen,
Zur Stadt herein mit hellem Spiel
Mir ist als wenn sie bringen
Den Sohn, der einst im Kampfe mir fiel.

Bereitet, bereitet,
Ein Nachtmahl vor dem Bette hier,
Geleitet, geleitet,
Mir neue Söhne in's Quartier!

Gedächtniß.

Und hast du im Kampfe die Freiheit geboren,
Und flattert gefürchtet dein Panner am Meer,
Dann zähle die Söhne die du verloren,
Dann traure um die Gefallnen im Heer.

Und nimmer erlöschen laß über den Leichen
Des stillen Gedächtnißes Lampenschein,
Und zu den rothen winde die bleichen
Rosen in den Kranz hinein.

Und nenne den Kindern und Enkeln die Namen,
Der Trefflichen die von Ahnung-erfüllt,
Dereinst zu den wehenden Fahnen kamen,
Und sie vom Flore der Trauer enthüllt.